BEI GRIN MACHT SICH IHR WISSEN BEZAHLT

- Wir veröffentlichen Ihre Hausarbeit, Bachelor- und Masterarbeit

- Ihr eigenes eBook und Buch - weltweit in allen wichtigen Shops

- Verdienen Sie an jedem Verkauf

Jetzt bei www.GRIN.com hochladen und kostenlos publizieren

Bibliografische Information der Deutschen Nationalbibliothek:

Die Deutsche Bibliothek verzeichnet diese Publikation in der Deutschen National-
bibliografie; detaillierte bibliografische Daten sind im Internet über http://dnb.d-
nb.de/ abrufbar.

Impressum:

Copyright © 2007 GRIN Verlag, Open Publishing GmbH
Druck und Bindung: Books on Demand GmbH, Norderstedt Germany
ISBN: 9783640608980

Dieses Buch bei GRIN:

http://www.grin.com/de/e-book/149933/bedeutung-der-arbeit-im-nationalsozialismus

Andreas Eckert

Bedeutung der Arbeit im Nationalsozialismus

GRIN Verlag

GRIN - Your knowledge has value

Der GRIN Verlag publiziert seit 1998 wissenschaftliche Arbeiten von Studenten, Hochschullehrern und anderen Akademikern als eBook und gedrucktes Buch. Die Verlagswebsite www.grin.com ist die ideale Plattform zur Veröffentlichung von Hausarbeiten, Abschlussarbeiten, wissenschaftlichen Aufsätzen, Dissertationen und Fachbüchern.

Besuchen Sie uns im Internet:

http://www.grin.com/

http://www.facebook.com/grincom

http://www.twitter.com/grin_com

Inhaltsverzeichnis:

1. Einleitung

Ich habe mich entschieden bei meinem Referat den Fokus auf den Begriff der „Deutschen Arbeit" und die daraus resultierende Vernichtung durch die Arbeit zusetzen, da meiner Meinung nach dies die Bedeutung der Arbeit im Nationalsozialismus am Besten trifft.

Sicher gibt es noch weitere Bedeutungen der Arbeit in der Ideologie des Nationalsozialismus, aber aufgrund der Fülle von Informationen habe ich mich für die Vernichtung durch Arbeit und den Arbeitsbegriff in der NS-Zeit im Zusammenhang mit Antisemitismus. In Punkt 2 werde ich den Begriff der „Deutschen Arbeit" näher erläutern und sine Herkunft darstellen. In Punkt 3 gehe ich auf die Entstehungsgeschichte der Konzentrationslager ein. In Punkt 4 folgt dann die Vernichtung durch Arbeit und am Schluss werde ich in Punkt 5 eine Reflexion zum Thema beziehungsweise meine Auseinandersetzung damit darstellen.

2. Begriffserklärung: „Deutsche Arbeit" im Zusammenhang mit Antisemitismus

Arbeit ist ein zentraler Begriff in der nationalsozialistischen Ideologie. Die Ursprünge des deutschen Arbeitsbegriffs waren jedoch weit vor dem 16. Jahrhundert. Schon im Mittelalter wurden Juden damit diffamiert, sie würden nur auf dem Rücken anderer ihr Geld verdienen und seien keine ehrliche Arbeit gewohnt. Bereits 1300 gibt es Werke, in denen die Juden als Schmarotzer und Wucherer bezeichnet werden. Auch schon lange davor, hier aber wird auch von Zwangsarbeit gesprochen. Heinrich Heisler schrieb um 1300 in seinem Werk Evangelium Nicodemi: „[...] oder bringt sie [die Juden] in eine Einöde, [...] und lasst sie dort roden und graben und sich dort der Mühsal aussetzen, wenn sie etwas zu essen haben wollen [...]. Ehe sie Mühsal erdulden, eher tun sie alles, was ihr von ihnen verlangt, damit ihr für sie sorgt. Sonst bleiben sie faul und müßig und können doch des Geldes und Gutes sicher sein". (vgl. Edith Wenzel: Martin Luther und der mittelalterliche Antisemitismus. In. Alfred Ebenbauer; Klaus Zatloukal(Hg): Die Juden in ihrer mittelalterlichen Umwelt, Wien, Köln 1991, S310. Aus: Holger Schatz, Andrea Woeldike; Freiheit und Wahn deutscher Arbeit Münster 2001, S.16) In der zweiten Hälfte des 15. Jahrhunderts wurden diese

Anschuldigungen weiterentwickelt. Der Theologe Geiler von Kaiserberg beispielsweise beschuldigte die Juden nicht nur als Müßiggänger, sondern bringt sie in einen systematischen Zusammenhang mit dem Wucher. Andere Theologen dieser Zeit argumentierten ähnlich und bezeichneten die Juden immer wieder als Parasiten und Schmarotzer. (vgl. Leon Poliakov; Geschichte des Antisemitismus. Bd. 2. das Zeitalter der Verteufelung und des Ghettos, Frankfurt/M 1998, S 115.aus: Holger Schatz, Andrea Woeldike, Freiheit und Wahn deutscher Arbeit, Münster 2001, S.17)

Luther konkretisierte diese Vorstellungen und es setzte sich nun endgültig ein Arbeitsbegriff durch, der die „deutsche ehrliche Arbeit dem „ jüdischem Schmarotzertum und Wucher" gegenüberstellt. Er sah das „deutsche Geld und Gut" durch den „schmarotzenden und wucherischen Juden" bedroht. Erprägte aber auch den Begriff der Arbeit neu, indem er in seiner Übersetzung der Bibel den Begriff „Arbeit" durch „Beruf", von Berufung, ersetzte. Arbeit war nun nicht mehr Last und Knechtschaft sondern Berufung und göttliche Aufgabe. (vgl., Holger Schatz, Andrea Woeldike, Freiheit und Wahn deutscher Arbeit, Münster 2001, S. 18).

In dem von Luther geprägtem Arbeitsethos gelten Juden als „Nichtarbeitende" und werden in engen Zusammenhang mit dem Teufel gesetzt. Luther entwarf auch ein Konzept zur Zwangsarbeit für Juden, er war aber skeptisch bezüglich des Erfolges und plädierte für ihre Vertreibung, da sie keine Arbeit gewohnt seien. In seiner Schrift, „von den Juden und ihren Lügen schreibt er: „… dass man ihre Synagoge oder ihre Schule mit Feuer anstecke und was nicht brennen will, mit Erde überhäufe und beschütte, dass kein Mensch einen Stein oder Schlacke davon sehe ewiglich […] Zum anderen, dass man auch ihre Häuser desgleichen zerbreche und zerstöre. Denn sie treiben eben dasselbige drinnen, das sie in ihren Schulen treiben. Dafür mag man sie etwa unter ein Dach oder Stall tun, wie die Zigeuner. […] keiner Arbeit gewohnet, so lasst uns mit ihnen rechnen, was sie uns abgewuchert, und darnach gütlich geteilet, sie aber immer vom Lande ausgetrieben". (Zit. N. Martin Luther, Von den Juden und ihren Lügen, in: ders.; Ausgewählte Werke. Ergänzungsreihe dritter Band, in: H.H. Borcherdt/ Georg Merz(Hg.), Schriften wider Juden und Türken, Zweite Auflage, Berlin/ München 1936, aus: Jürgen Elsässer, Andrej Markovits, Die Fratze der eigenen Geschichte, Berlin 1999, S.104)

In der zweiten Hälfte des 19. Jahrhunderts wird der Begriff der „Deutschen Arbeit" weiterentwickelt und idealisiert. In Gustav Freitags Roman: „Soll und Haben", von 1855 werden die Protagonisten mit stereotypen Charaktereigenschaften versehen. Der Unternehmer Anton Wolfahrt gilt als tüchtig, fleißig und ehrlich zudem ist er preußischprotestantisch. Der Jude Itzig Veitel hingegen, wird als faul, lasterhaft, betrügerisch und unehrlich dargestellt. (Jürgen Elsässer, Andrej Markovits, Die Fratze der eigenen Geschichte, Berlin 1999, S. 108).

1861 erschien dann die Schrift" die deutsche Arbeit", von Wilhelm Heinrich Riehl. (vgl. Jürgen Elsässer, Andrej Markovits, Die Fratze der eigenen Geschichte, Berlin 1999, S.108).

Dies alles prägte diese Zeit und führte dazu, dass die „Deutsche Arbeit" der „Jüdischen Nichtarbeit" gegenübergestellt wird. Spätestens nach dem Börsenkrach 1873, setzt sich das Bild des „schaffenden Deutschen" und des „raffenden Juden" durch und es tauchen immer mehr Karikaturen von krummnasigen geldgierigen Juden auf. (vgl. Jürgen Elsässer, Andrej Markovits, Die Fratze der eigenen Geschichte, Berlin 1999, S.108).

Hitler schuf in Anlehnung an Luthers Arbeitsbegriffs ein eigenes Arbeitsethos. „Arbeit" war der zentrale Begriff in der NS- Ideologie und Bezugspunkt zum Volk zugleich. Arbeit war in der NS-Zeit Dienst an der Volksgemeinschaft und jeder sollte dazu beitragen, dass es dem Deutschen Volk gut geht. Die vermeintliche „Nichtarbeit" der Juden schadete der Volksgemeinschaft und war die Wurzeln allen Übels laut den Ideologen des dritten Reichs, die allerdings auf eine lange Tradition des Antisemitismus zurückgreifen konnten.

3. Geschichte der Konzentrationslager

Die Grundlage zur Schaffung von Gefangenenlagern war die „Notverordnung zum Schutz von Volk und Staat" nach dem Reichstagsbrand und das Ermächtigungsgesetz vom 23. 03.1933, das den zivilen Ausnahmezustand auf Dauer festsetzte. Es kam zu Verhaftungswellen von Regimegegnern, Gewerkschaftern und anderen unliebsamen Staatsbürgern. Anfangs wurden die Gefangenen gar nicht erst in überfüllte Gefängnisse gebracht, sondern in Tagungsräume und Gaststätten der SA und SS, wo sie geprügelt und gefoltert wurden. Später wurden die Häftlinge in Lager gebracht, wie Dachau, Esterwegen, Lichtenburg, Sachsenburg, Moringen und Berlin-Tempelhof. Abgesehen von Dachau, bestanden die Lager nicht auf Dauer. Sie waren als Repressionsinstrument gedacht und politische Gegner wurden hier gefoltert und dann wieder freigelassen um Angst in der Bevölkerung zu schüren und die Macht des Regimes zu festigen.

Dachau, das am 22.03.1933 errichtet wurde, war das erste Lager unter alleiniger SS-Aufsicht und galt als Vorbild für die übrigen Lager und Reorganisation des KZ-Systems. Heinrich Himmler, Reichsführer der SS, übernimmt nach und nach die Führung der Lager. Die Folge war Errichtung neuer Lager und die Reorganisation des gesamten KZ- Systems. Von den anfänglichen Lagern existierte nur noch Dachau. Nun kam es auch zu Dauerinhaftierungen, und die Konzentrationslager wurden Ort völkischer Sozialpolitik. Die Häftlinge wurden klassifiziert nach Rassen und es herrschte eine interne Lagerhierarchie. Juden waren auf der untersten Stufe und mussten die schlimmsten Arbeiten verrichten. (vgl. Wolfgang Sofsky; Die Ordnung des Terrors; Frankfurt/M, 1997, S.41, ff).

4. Vernichtung durch Arbeit

Die Arbeit in den Konzentrationslagern diente hauptsächlich der Repression und der Erniedrigung. Sie hatte nur den Zweck die Menschen zu brechen und zu demütigen, auch wenn die SS- Betriebe und andere Firmen wie die IG-Farben davon profitierten. Die Überlebenszeit eines Häftlings betrug meist nur wenige Monate aufgrund der miserablen Ernährung der unmenschlichen Arbeit, die er verrichten musste. (vgl. Wolfgang Sofsky; Die Ordnung des Terrors; Frankfurt/M, 1997, S.155). Neben den „normalen" Konzentrationslagern, gab es auch reine Vernichtungslager die nur dem Zweck der Massenvernichtung dienten, wie zum Beispiel Sobibor, Auschwitz-Birkenau, Majdanek und Treblinka. Die Vernichtung durch Arbeit, vor allem für jüdische Gefangene, stand immer im Vordergrund. Mit beginn des Krieges wurden Pläne für die „Endlösung" diskutiert und mehrere hunderttausend jüdische Gefangene aus Osteuropa in den Todesfabriken der SS umgebracht. Spätestens nach der Wannsee Konferenz am 20.01.1942, an der hochrangige Vertreter der nationalsozialistischen Reichsbehörde unter Vorsitz von SS- Obergruppenführer Reinhard Heydrich teilnahmen, wurde die systematische Durchführung und Organisation der Endlösung beschlossen und es kam zur Massenvernichtung.

Auf dieser Konferenz wurde nicht die Endlösung beschlossen, sondern die Organisation und Durchführung des Holocaust. Dies geht auch aus einem Schreiben vom 31.07.1941 von Hermann Göring an Reinhard Heydrich hervor, in dem er ihn beauftragt einen Gesamtentwurf bezüglich der Kosten, Organisation und Durchführung der „ Endlösung für die Judenfrage" aus zu arbeiten.

Dies zeigt, dass die „Endlösung" schon lange vor der Wannsee Konferenz beschlossen wurde. Bis zur Konferenz waren schon 900.000 jüdische Gefangene ermordet worden oder sind aufgrund der Verhältnisse in den Konzentrationslagern umgekommen. Nach der Konferenz kam es zu systematischen Massemorden durch Gaskammern in den Vernichtungslagern.

Der Reichsmarschall des Großdeutschen   Berlin,den   7.1941
            Reiches
Beauftragter für den Vierjahresplan
            Vorsitzender
des Ministerrats für die Reichsvertei-
            digung

                    An den

                        Chef der Sicherheitspolizei und des SD
                        -Gruppenführer H e y d r i c h

                                B e r l i n .

            In Ergänzung der Jhnen bereits mit Erlaß vom
    24.I.39 übertragenen Aufgabe, die Judenfrage in Form der
    Auswanderung oder Evakuierung einer den Zeitverhält-
    nissen entsprechend möglichst günstigsten Lösung zuzu -
    führen, beauftrage ich Sie hiermit, alle erforderlichen
    Vorbereitungen in organisatorischer, sachlicher und
    materieller Hinsicht zu treffen für eine Gesamtlösung
    der Judenfrage im deutschen Einflußgebiet in Europa.

            Soferne hierbei die Zuständigkeiten anderer
    Zentralinstanzen berührt werden, sind diese zu betei -
    ligen.

            Jch beauftrage Sie weiter, mir in Balde einen
    Gesamtentwurf über die organisatorischen, sachlichen
    und materiellen Vorausmaßnahmen zur Durchführung der
    angestrebten Endlösung der Judenfrage vorzulegen.

6

4.1 „Arbeit macht frei"

Der Satz, der an vielen Konzentrationslagern am Tor prangt, wird häufig als zynisch empfunden. Er ist aber eher als ernst gemeinte Parole der NS-Ideologie zu verstehen und stand für die bedingungslose Hingabe an die Arbeit, wie auch die Vernichtung der vermeintlichen „Nichtarbeit" durch die Arbeit. Die „Jüdische Nichtarbeit" sollte durch die Zwangsarbeit vernichtet werden, um die Volksgemeinschaft am Leben zu erhalten. In der NS-Zeit herrschte die Meinung, dass der Mensch nur durch Arbeit erst frei wird und man musste arbeiten für die Volksgemeinschaft. Wer das nicht tat war ein „Volksschädling", wie die jüdischen Mitbürger häufig bezeichnet wurden und musste vernichtet werden. (vgl. Wolfgang Brückner; Arbeit macht Frei, Opladen 1998, S.30,f.)

5. Fazit/ Reflexion

Bei der Recherche des Themas wurde mir bewusst, dass die NS-Ideologen auf bereits vorhandene Ideen und Traditionen des Antisemitismus zurückgreifen konnten. Die Bedeutung der Arbeit im Nationalsozialismus war eng verknüpft mit der Idee des „raffenden jüdischen Kapitals" das schon lange in der Bevölkerung verwurzelt war. Die Anfänge lassen sich bis ins frühe Mittelalter zurückverfolgen. Allerdings waren sie damals nicht so tödlich ausgeprägt und entwickelten sich erst mit der Zeit zu einem mörderischen Hass. Wenn man die Bedeutung der Arbeit im 3. Reich betrachtet, ist es unabdinglich, diese in Zusammenhang mit Antisemitismus zu bringen. Die ganze Ideologie der Volksgemeinschaft ist auf dem Wahn des „jüdischen Volksschädling" begründet, der sich die Zeit instrumentalisiert um das „deutsche Volk" auszupressen und um seinen „ehrlichen Verdienst" bringt. Hitler und sein Chefideologen verstanden es, mit der Idee der Volksgemeinschaft, ein ganzes Volk zu einen und Führung und Bürgertum so nahe zu bringen wie sonst keiner zu vor. Sie manipulierten die Massen mit der Bedeutung der Arbeit und konnten sich so der Unterstützung des Volkes bei den tödlichen Plänen des Holocausts sicher sein, da die „Volksschädlinge" ihrer Ansicht nach vernichtet werden mussten, um das „Deutsche Volk" am Leben zu erhalten.

Aus diesem Grund habe ich mich dazu entschieden, aus diesem komplexen Thema die mir am wichtigsten scheinenden Aspekte heraus zu greifen und zu erläutern. Sicher könnte man die Bedeutung der Arbeit im Nationalsozialismus auch noch von verschiedenen anderen Seiten her beleuchten, mir schien es jedoch wichtiger, die tödliche Ideologie, die auf der Bedeutung des damaligen Arbeitsbegriffs begründet war, darzustellen mitsamt seinen Auswirkungen und der Gipfelung im Holocaust.

Es war für mich auch sehr erstaunlich, dass schon sehr früh Ideen eines Zwangsarbeitskonzeptes vorhanden waren, wie zum Beispiel bei Luther, der auch schon für die Vertreibung der jüdischen Mitbürger plädierte und davon sprach, man solle ihre Schulen und Synagogen in Brand stecken, was letztlich dann auch in der Reichskristallnacht im Dritten Reich geschah.

6. Literatur

Brückner, Wolfgang; Arbeit macht Frei; Opladen, 1998

Elsässer, Jürgen; Markovits, S. Andrei (HG), Die Fratze der Eigenen Geschichte; Berlin 1999

Sofsky, Wolfgang; Die Ordnung des Terrors; Frankfurt/M, 1997

Schatz, Holger; Woeldike, Andrea; Freiheit und Wahn deutscher Arbeit; Münster 2001

Hiermit versichere ich, dass ich die Arbeit eigenständig verfasst, und keine anderen Quellen, als die im Literaturverzeichnis angegebenen, benutzt habe.

BEI GRIN MACHT SICH IHR WISSEN BEZAHLT

- Wir veröffentlichen Ihre Hausarbeit,
  Bachelor- und Masterarbeit

- Ihr eigenes eBook und Buch -
  weltweit in allen wichtigen Shops

- Verdienen Sie an jedem Verkauf

Jetzt bei www.GRIN.com hochladen
und kostenlos publizieren